Zebra
Schreibtabelle

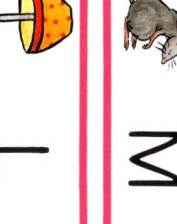

G g

Sch sch

W w

D d

S s

B b

Ch ch

L l

M m

A a

E e

I i

O o

U u

Au au

Ei ei

Eu eu

Ö: ö:

Ü: ü:

-ie
Riese

N n

H h

R r

P p

Z z

T t

F f

J j

K k

Schreibtabelle zu Zebra
© Ernst Klett Verlag GmbH, Stuttgart 2024. Alle Rechte vorbehalten. Nicht einzeln lieferbar.
Illustrationen: Anke Fröhlich, Leipzig; Zebra 1: Friederike Schumann, Berlin, Zebra 2: Friederike Abl

-ß Fuß	
-ng Ring	
-ck Schnecke	
-tz Katze	

Sp sp	St st	Pf pf	Qu qu	X x	V v	Ypsilon Y y	C c

N n	H h	R r	P p	Z z	T t	F f	J j	K k

Au au	Ei ei	Eu eu	Ö ö	Ü ü

-ie Riese	Ä ä Äpfel, Bär	-äu Mäuse

A a	E e	I i	O o	U u

M m	L l	Ch ch	B b	S s	D d	W w	Sch sch	G g

Zebra 1

Buchstabenheft
mit Medien

Autorinnen und Autor:
Carolin Gerdom-Meiering
Bärbel Hilgenkamp
Andreas Körnich
Sonja Senst
Theresa Weber

Ernst Klett Verlag
Stuttgart · Leipzig · Dortmund

Inhalt

Mit der Schreibtabelle schreiben I

Buchstabenerarbeitung II

Mit der Schreibtabelle schreiben II

Einführung der Schreibklappe (Entwicklungsschritte im Schreiblernprozess) / Das kann ich schon

Name: _____

Datum: _____

1 ✏️✏️ Das kann ich schon. Male und schreibe.

A Z Y X W V

B   U

C   T

D   S

E   R

F   Q

G   P

H   O

I

J K L M N

FRANZ

Anlaute erkennen I

1 Welche Wörter klingen am Anfang gleich?

Einführung der Schreibtabelle

Anlaute schreiben I

1 Welcher Buchstabe passt zu den Bildern?

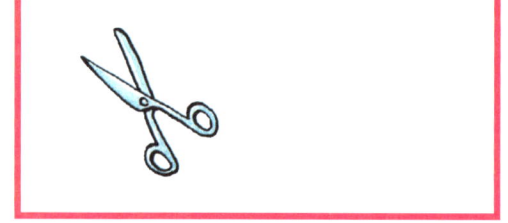

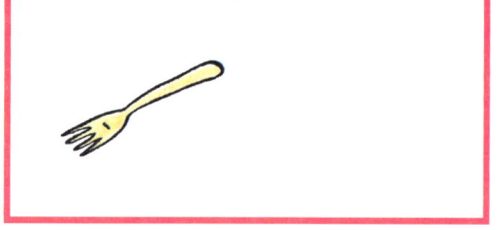

Anlaute erkennen II

1 👂 ✏️ Welche Wörter klingen am Anfang gleich?

Name: _____

Datum: _____

Anlaute schreiben II

 Welche Buchstaben passen zu den Bildern?

Anlaute erkennen III

1 👂 ✏️ Welche Wörter klingen am Anfang gleich?

Einführung der Schreibtabelle

Name: _____

Datum: _____

Anlaute schreiben III

 1 Welche Buchstaben passen zu den Bildern?

Name: _____

Datum: _____

Anlaute erkennen IV

1   Welches Wort klingt am Anfang gleich? Male an.

Anlaute erkennen V

1   Welches Wort klingt am Anfang gleich? Male an.

Ziel

Start

Du brauchst:
Du musst:
würfeln
hüpfen
schwingen
hüpfen

Du brauchst:

Du musst:
würfeln

hüpfen

suchen

Start

A a

F f

B b

K k

H h

E e

N n

P p

T t

O o

G g

L l

J j

S s

M m

R r

D d

I i

W w

Z z

Ei ei

Ziel

Au au

U u

1 ✏️

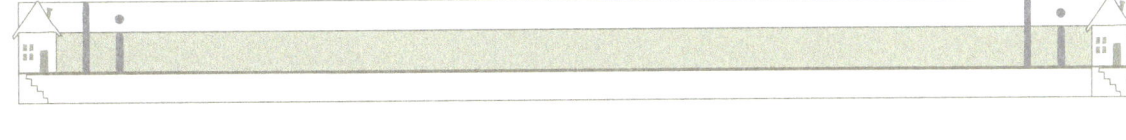

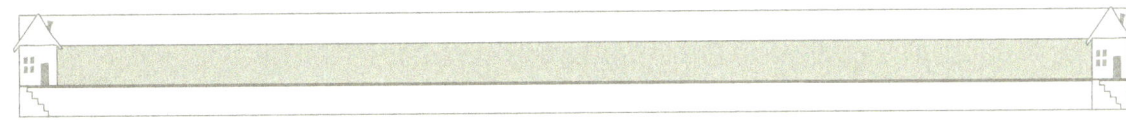

2 ✏️ I i

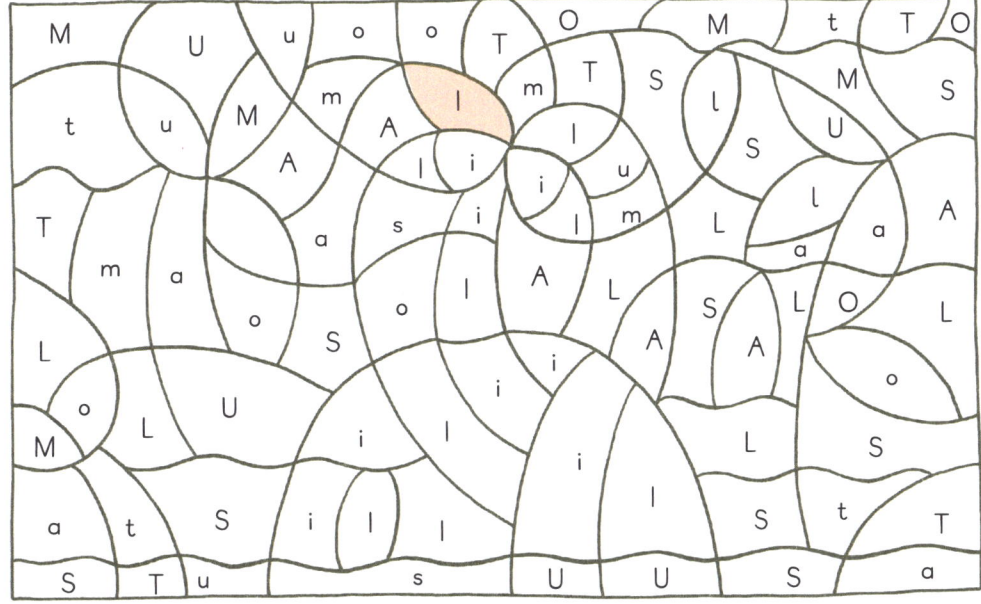

Name: _____

Datum: _____

1 👂 ✏️ Ii

2 📋

Name: _____

Datum: _____

○ **1** ✏️

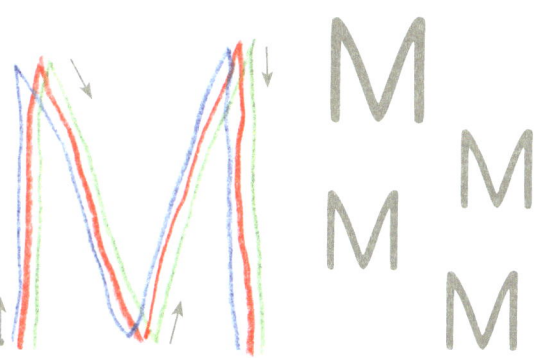 

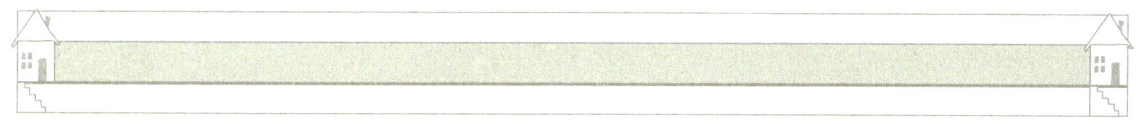

○ **2** ✏️ M m

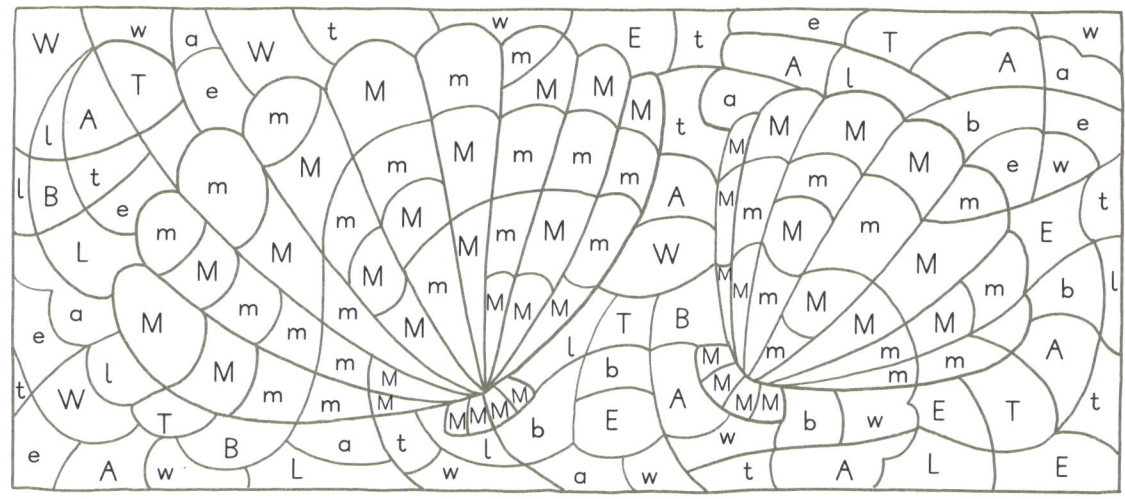

🔊 ▶️

1 👂 ✏️ M m

 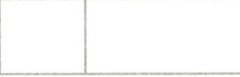  

2

○ **1** 🖍

○ **2** 🖊 A a

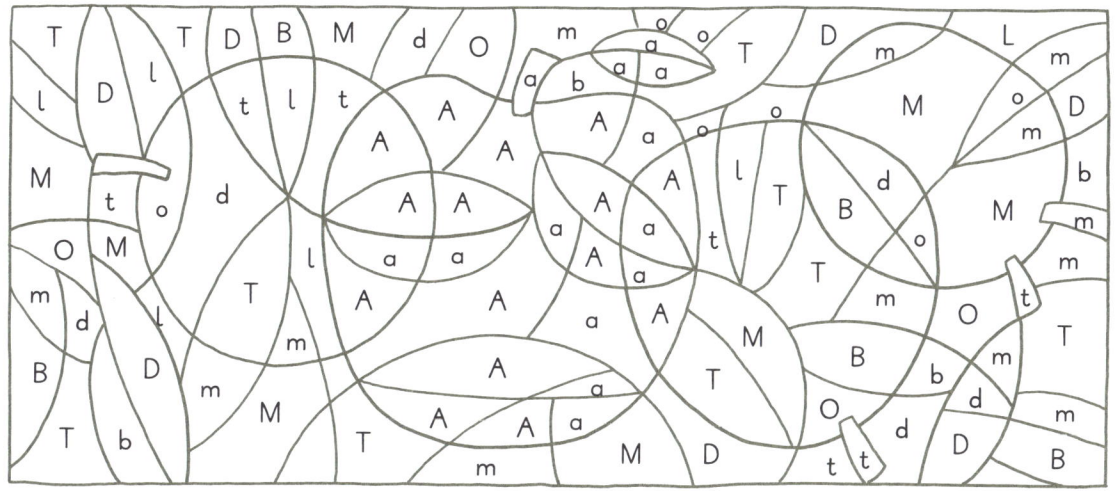

Name: _____

Datum: _____

1 👂 ✏️ A a

A	

2 ☑️

Name: _____

Datum: _____

L l

○ **1** ✏

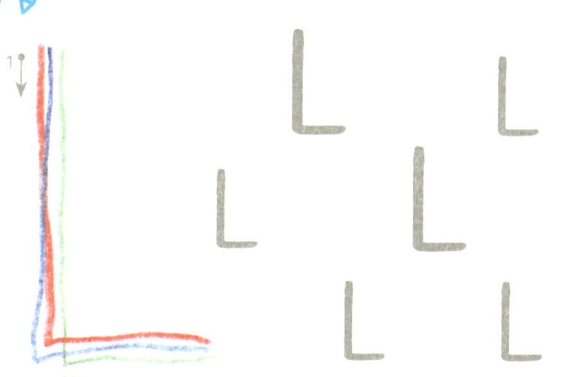 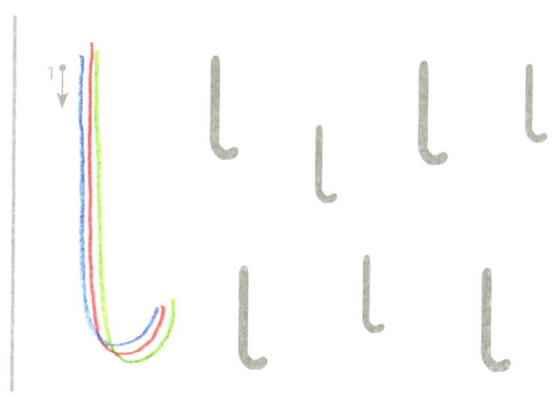

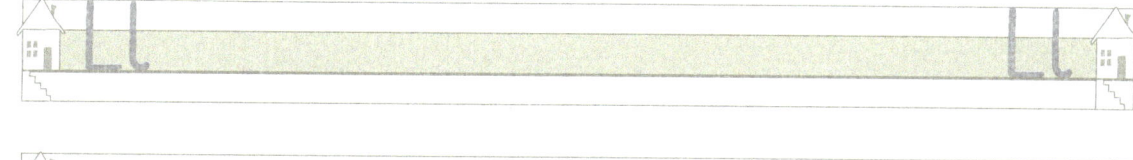

○ **2** ○✏ L l

Q 9L 7l

L l

1 👂 ✏️ L l

 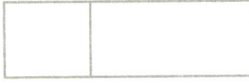  

2

Name: _____

Datum: _____

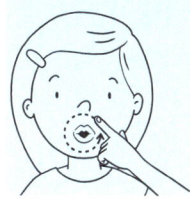

1 ✏️

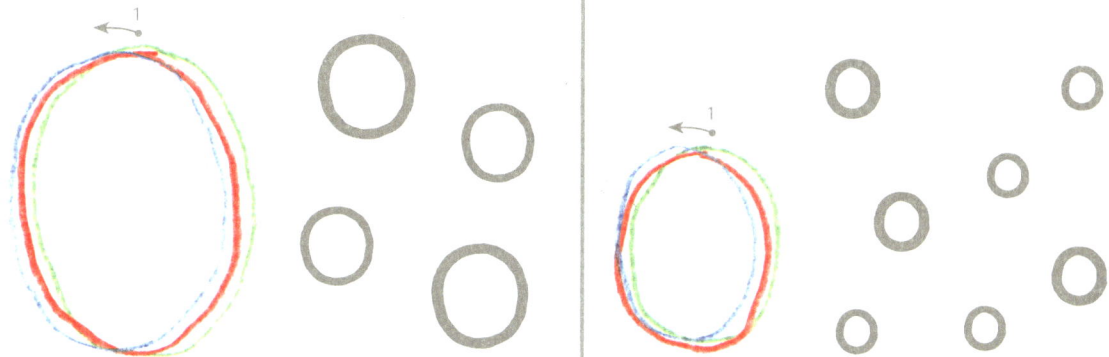

2 ✏️ O o

Hallo Oma.
Hallo Opa.
Oo Oo!
Toller Roller.

🔍 4 O 6 o

1  O o

2

Name:

Datum:

1 🖊

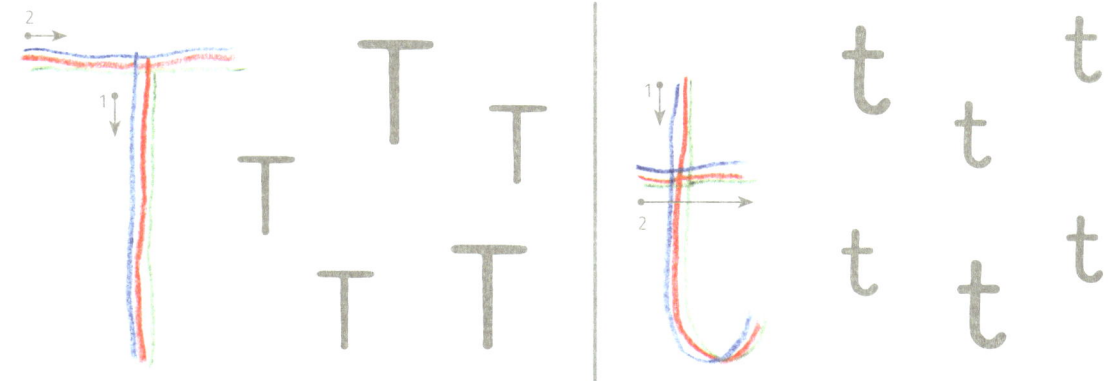

T

t

Tt

2 🖊 Tt

🔊 ▶ **25**

Tt

1 Tt

2

Name: _____

Datum: _____

S s

1 🖊

S

S

S s

2 🖊 S s

Summ summ summ
Susi summe summ
Sss Sss

🔍 4 S 9 s

🔊 ▶ **27**

S s

1 👂 ✏️ S s

2

Name: _____

Datum: _____

○ **1** 🖊

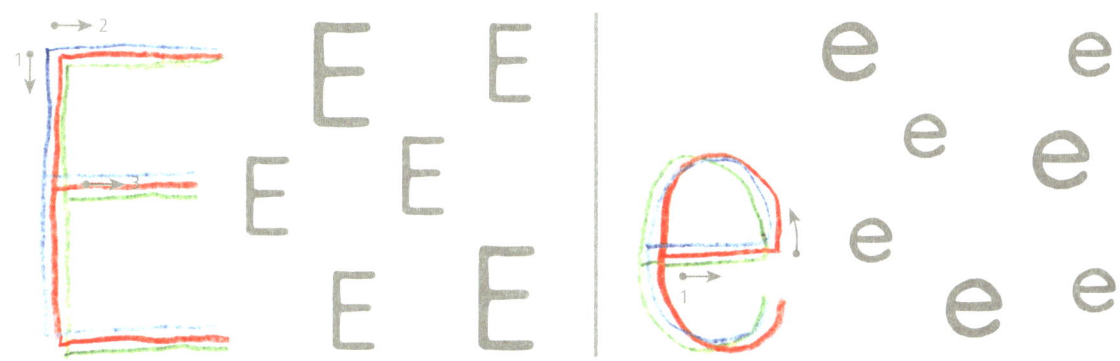

E   E

e   e

Ee   Ee

○ **2** 🖊 E e

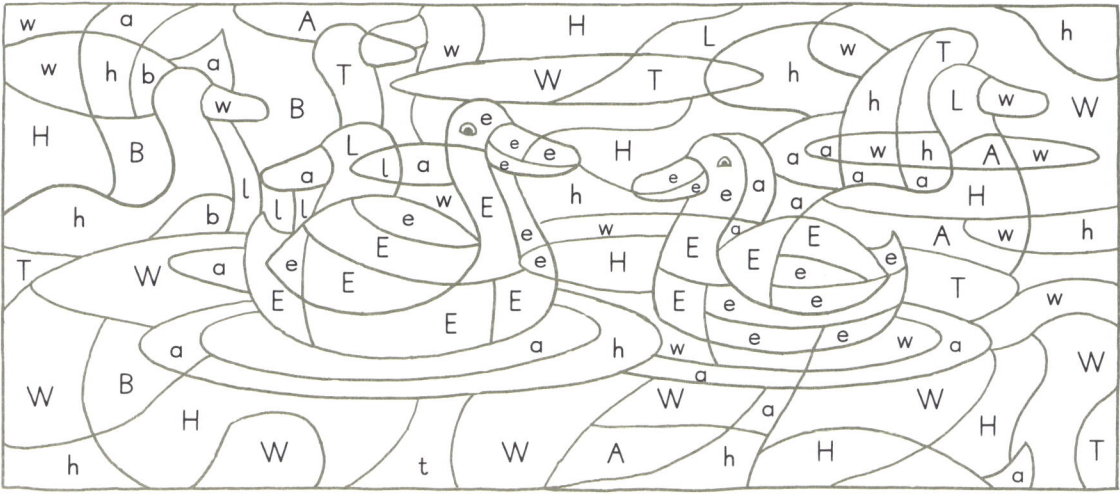

1 👂 ✏️ E e

2

P p

○ **1** 🖊

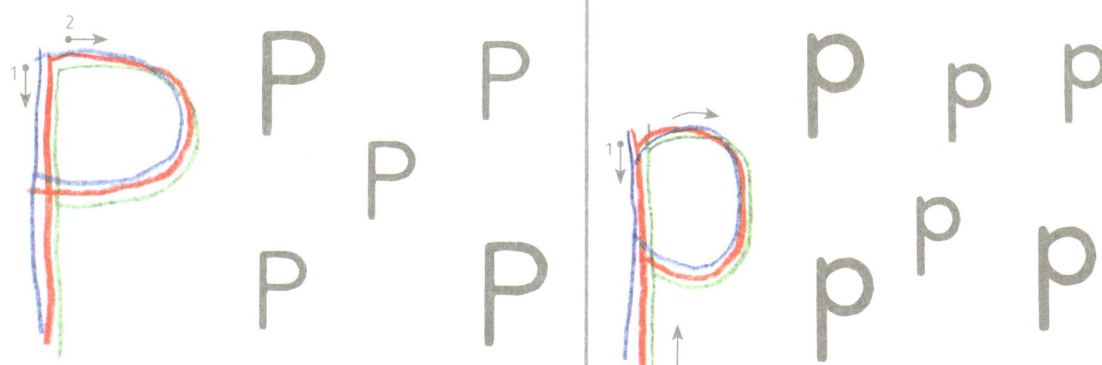

● ○ **2** ○🖊 P p

Pip pap pop.
Hop hop hop.
Plop.

🔍 2 P 9 p

P p

1 👂 ✏️ P p

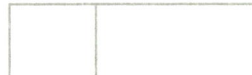  

2 ☑️

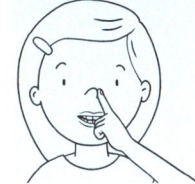 
○ **1** ✏️

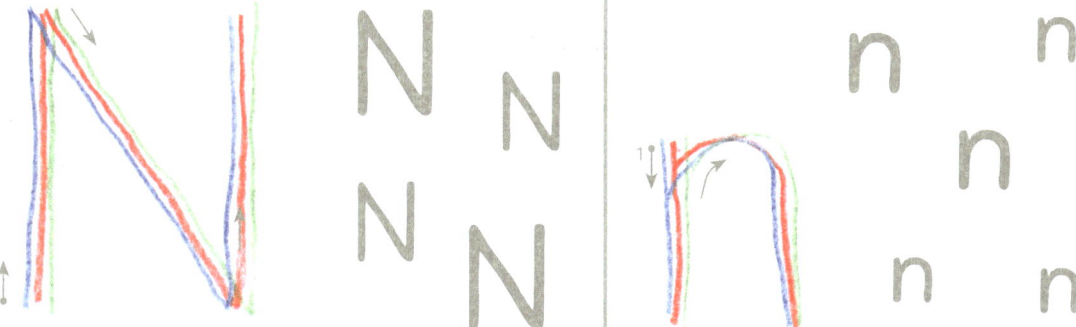

○ **2** ✏️ N n

🔍 9 N 8 n

Nn

1 Nn

2

Name: _____

Datum: _____

○ **1** 🖊

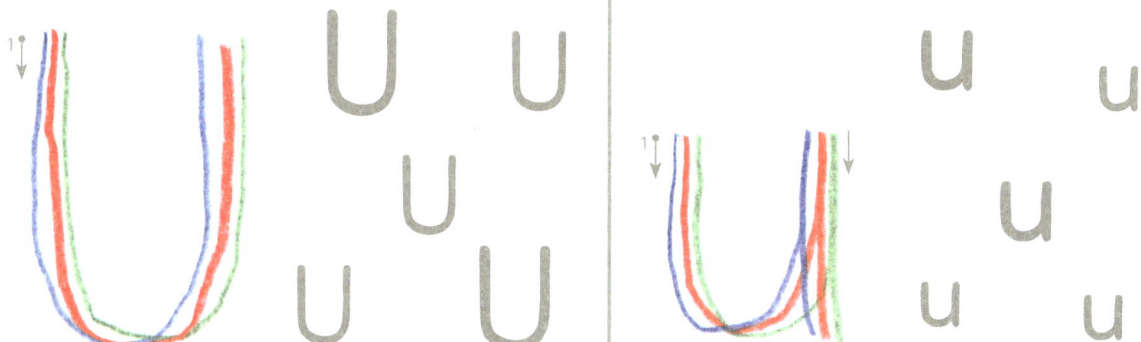

U u

○ **2** ○🖊 U u

🔍 5 U 6 u

1  U u

2

Name: _____

Datum: _____

Ff

1 ✏️

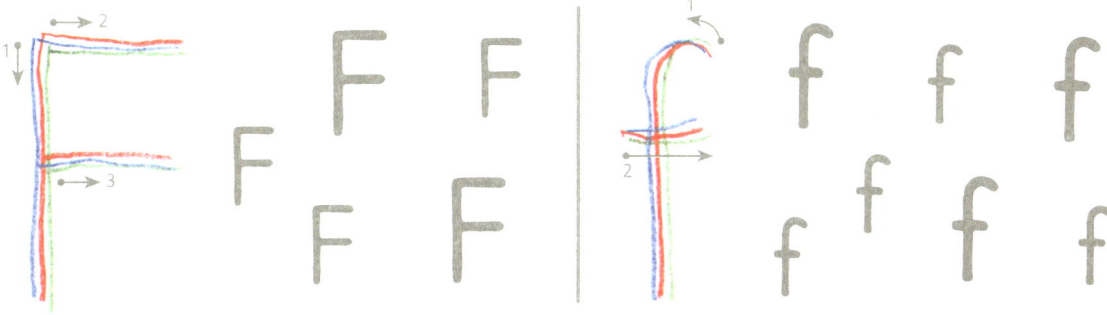

2 ✏️ Ff

Ff

1 👂 ✏️ F f

      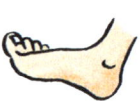   

2 📋

38

G g

1 ✏️

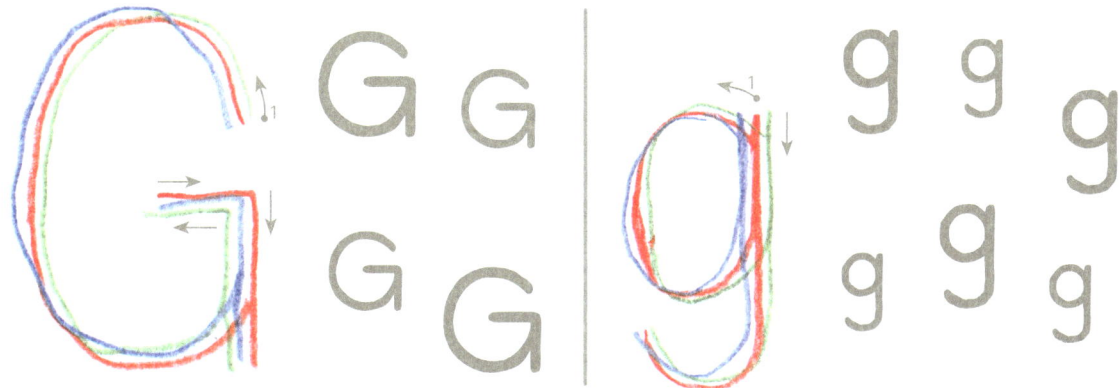

2 ✏️ G g

Gerne gehen wir zum Tanz,
sagen Igel, Gans und Franz.

2 G 3 g

G g

1 👂 ✏️ G g

2 ✅

40

Name:

Datum:

R r

1 ✏️

2 ✏️ R r

R R t R F c c r B B r R r e R r

Rote Roller rollen.
Rote Roller rasen.

🔍 9 R 8 r

R r

1

2

Name: _____

Datum: _____

Z z

1

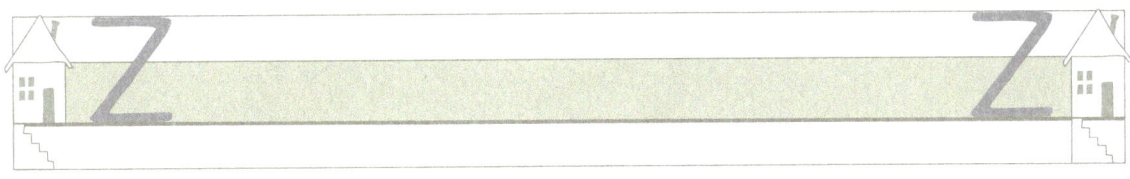

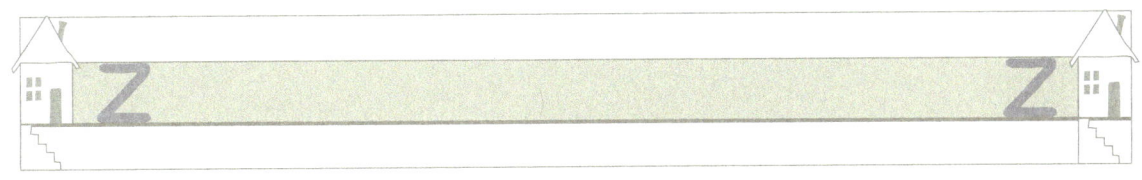

2  Z z

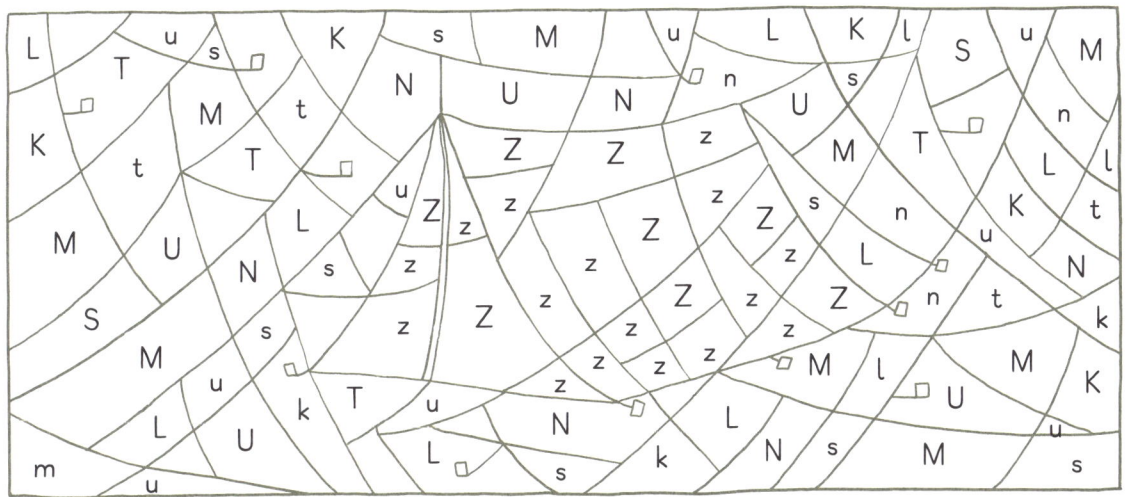

Z z

1 👂 ✏️ Z z

2

44

Name:

Datum:

1 ✏️

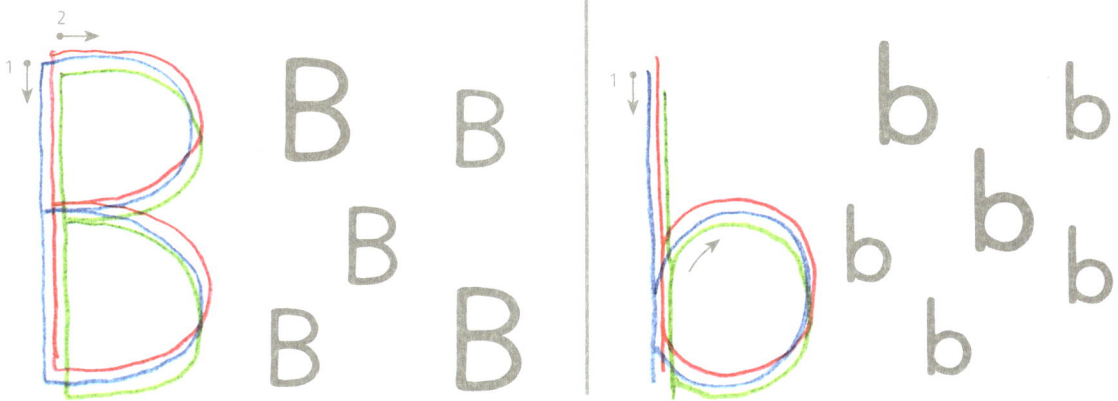

2 ✏️ B b

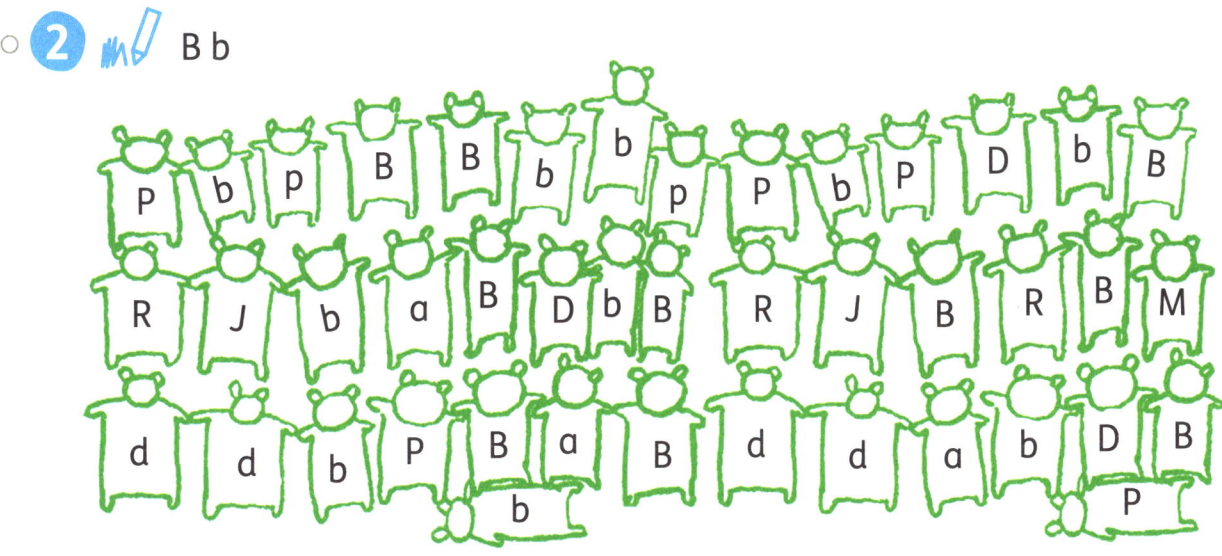

🔍 10 B 10 b

Bb

1 👂 ✏️ B b

2 ☑️

46

Name: _____

Datum: _____

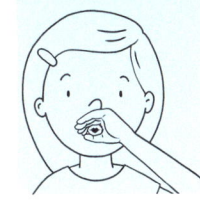

Sch sch

○ **1** ✏

Sch   Sch | sch   sch

Sch | sch

Sch | sch

Sch   Sch

sch   sch

Sch sch   Sch sch

○ **2** ✏ Sch sch

Ein Schneemann
mit schönem Schal
saust schnell
mit dem Schlitten
ins Tal.

🔍 3 Sch 2 sch

🔊 ▶ 47

Sch sch

Name: _____

Datum: _____

1 👂 ✏️ Sch sch

2

48

Name: _____

Datum: _____

Kk

○ **1** 🖉

○ **2**  K k

Kk

Name: _____

Datum: _____

1  K k

2

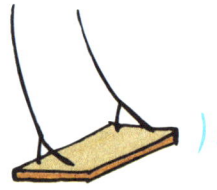

50

Name: ....

Datum: ....

D d

1

2 D d

Getuschel

Die da
ist mit
der da da
und
der da
ist mit
dem da da.

Jürgen Spohn

1 D 10 d

D d

1 👂 ✏️ D d

2 ☑️

  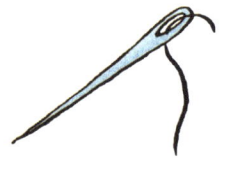

Ei ei

1

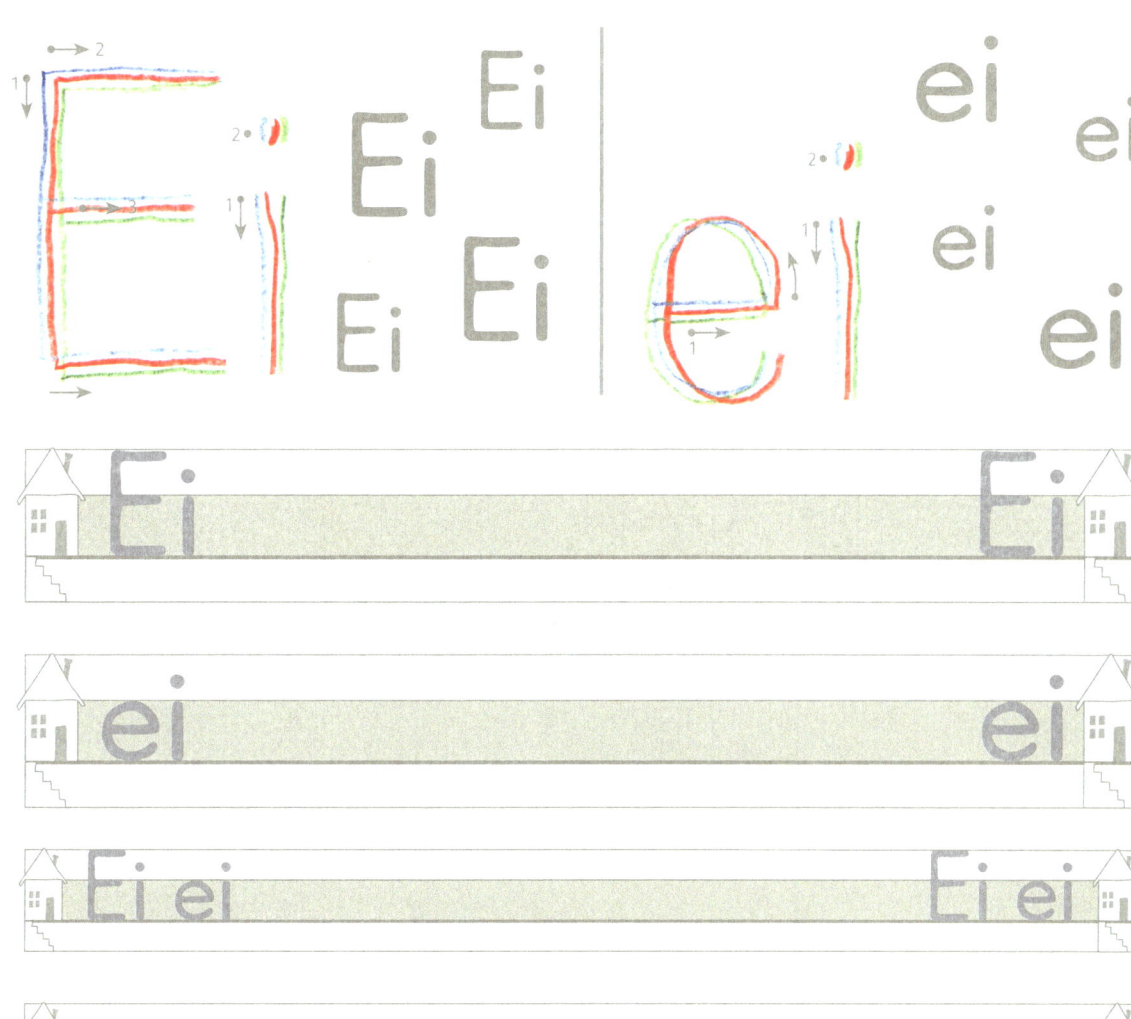

Ei

ei

Ei ei

2 Ei ei

(Ei)n Schw(ei)n
auf der Leiter
kommt einfach
nicht weiter.

🔍 1 Ei 4 ei

 **Ei ei**

 Name: _____

Datum: _____

1  Ei ei

2

Name: _____

Datum: _____

1 🖊

Au Au   au au

A   Au   a u
        Au   au
        Au   au

Au   Au

au   au

Au au   Au au

2 🖊🖊 Au au

Aus dem Haus
schaut
eine Maus
heraus.
Auf Maus,
lauf!

🔍 2 Au 6 au

 **Au au**

Name: _____

Datum: _____

1  Au au

2

56

Eu eu

1 ✏️

2 ✏️ Eu eu

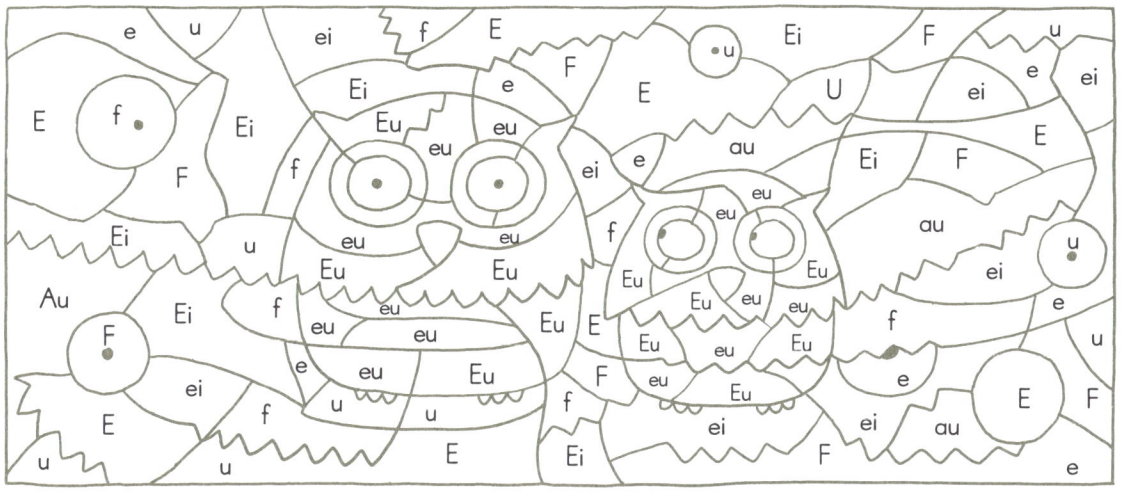

 **Eu eu**

 **1** Eu eu

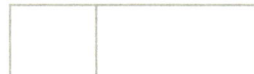

2

Name: _____

Datum: _____

Hh

○ **1** 🖊

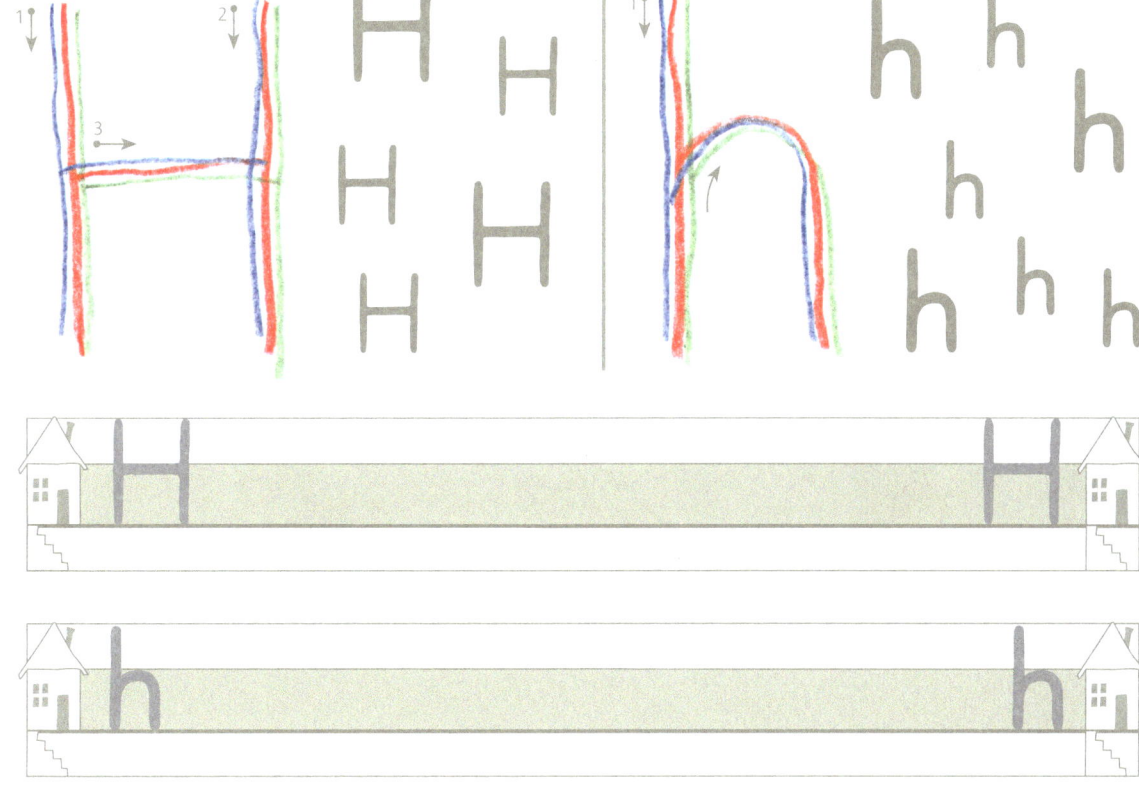

H

h

Hh

○ **2** ✏️ H h

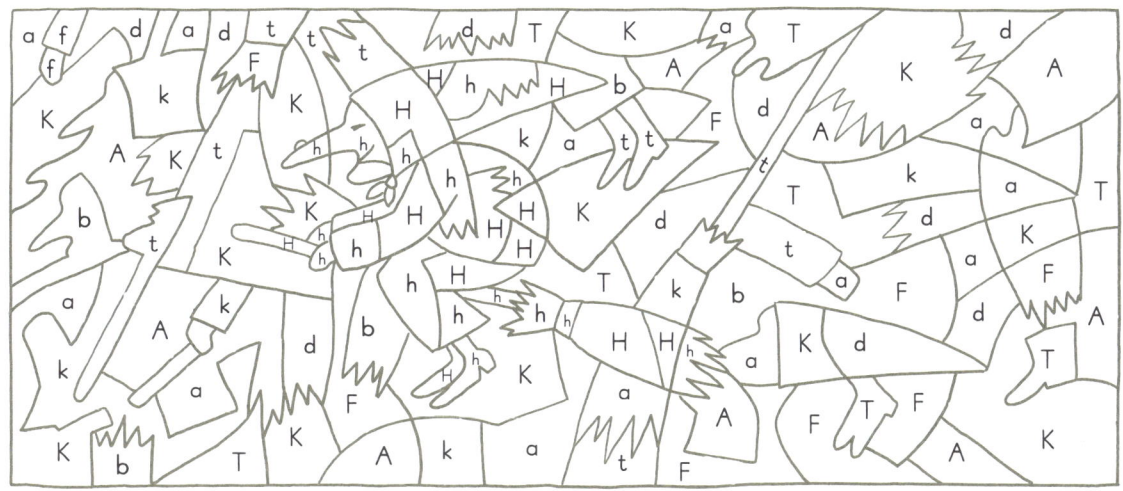

Hh

1 👂 ✏️ H h

2 📋

Name:

Datum:

1

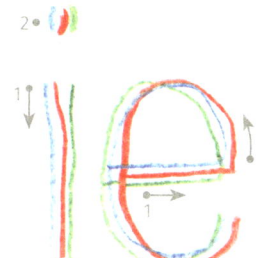

ie ie ie ie ie

ie ie ie ie ie

ie ie

2 ie

Fliege

Schiene

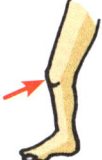

Knie

Biene

Riesenrad

Diebe

Sieb

Biene

Wiege

  61

 **-ie**

1 👂 ✏️ ie

2 ☑️

_____ _____ _____

Wörter mit i am Ende der Silbe sind Merkwörter.

M

Kiwi Tiger

Igel Maschine Pirat

W w

1 ✏️

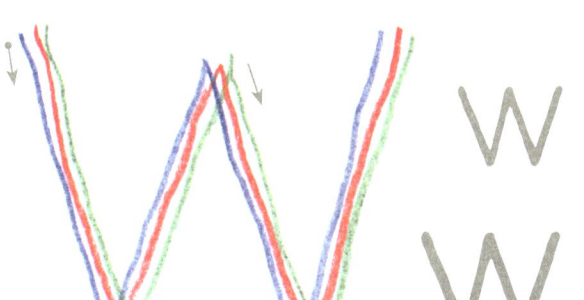
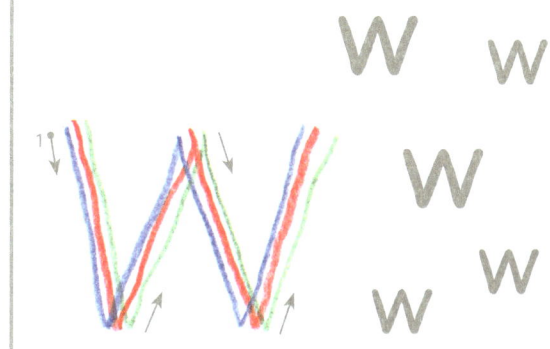

2 ✏️ W w

Wer will

wo

was

wann

machen?

Warum?

🔍 2 W 4 w

W w

1 👂 ✏️ W w

2

64

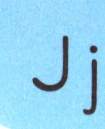

J j

1 🖊

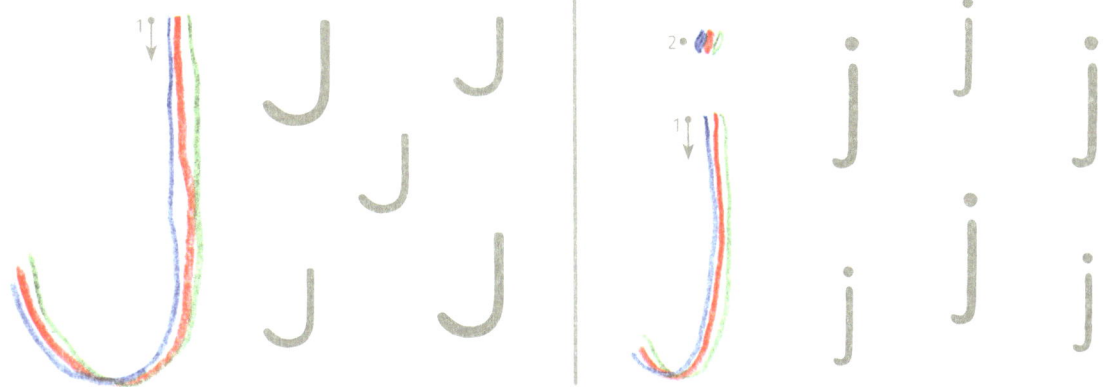

2 🖊 J j

Ronja, Jussuf und Johanne
jodeln in der Badewanne.
Katja, Jo und Josefine
essen Joghurt mit Rosine.

🔍 5 J 3 j

Name: _____

Datum: _____

1  J j

2

Juli

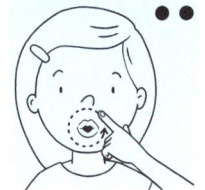

Name: _____

Datum: _____

1 🖊

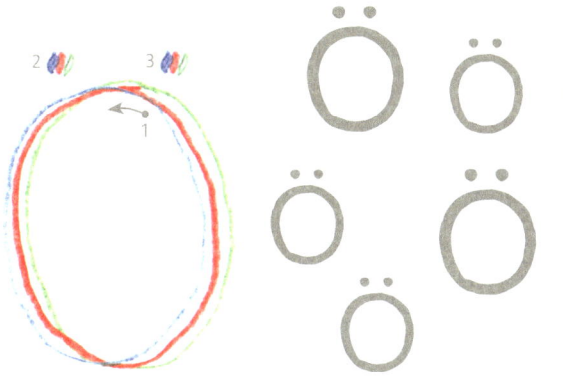
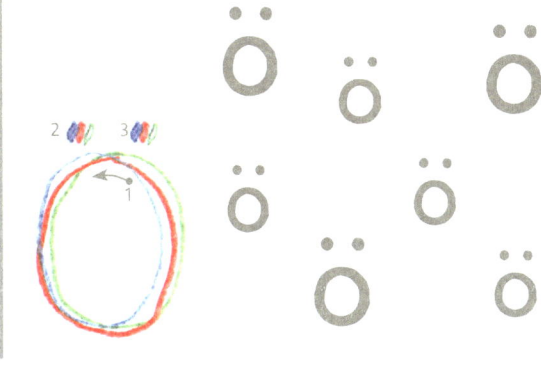

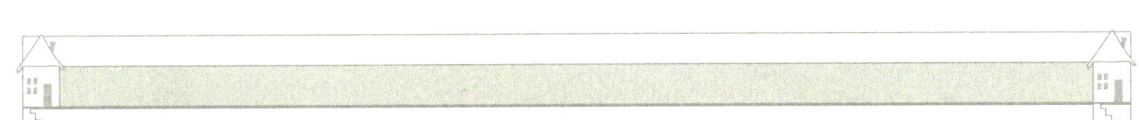

2 🖊 ö

Flötentöne
kann man hören.
Laute Töne
können stören.
Törö, törö, törö.

🔍 12 ö

1  Ö ö

2

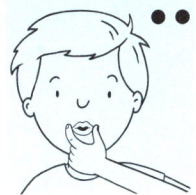

Ü ü

1 ✏️

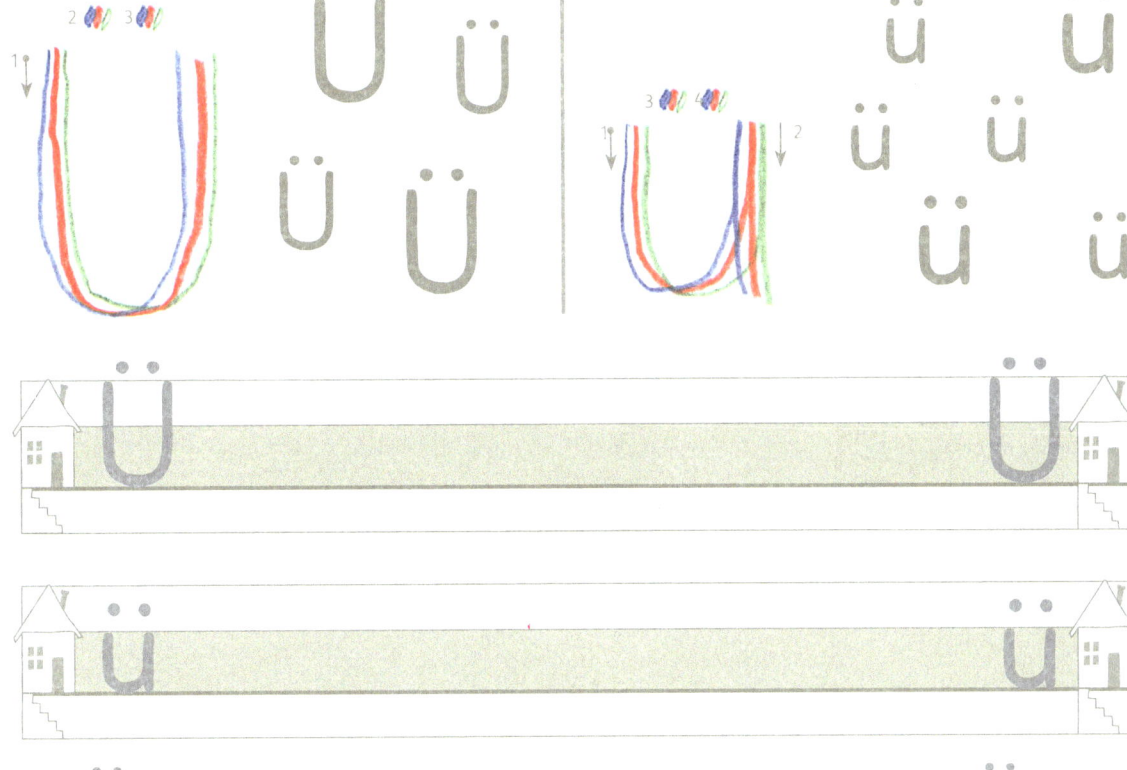

2 ✏️ ü

Wörter mit ü

Küche    Nüsse    Müsli

Schlüssel    Rüssel    Hügel

Kürbis    Schüssel   Bügel

🔍 9 ü

1  Ü ü

2

Name: _____

Datum: _____

1

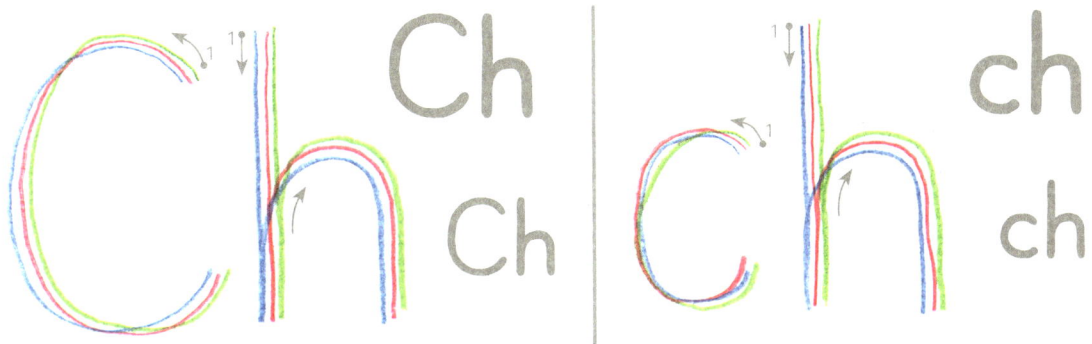

Ch   Ch

ch   ch

Ch ch   Ch ch

2 Ch ch

Michaela, Mechthild und Friedrich
müssen lachen,
weil Achmed und ich
lustige Sachen machen.

🔍 8 ch

Ch ch

1 👂 ✏️ Ch ch

2

Ente

Manche Endungen sind schwer zu hören.

1  -e

2 -e

~~Ente~~   Banane   Tomate   Blume   Lampe   Sonne

Ente

73

Wörter mit -en am Ende

Daumen 👍

Manche Endungen sind schwer zu hören.

 **1** 👄 👂 -en ✏️

 **2** 👓 ✏️ ✏️ -en

Daumen   Hasen   Schlitten   Kissen   Kerzen   Besen

Name: _____

Datum: _____

1  -el

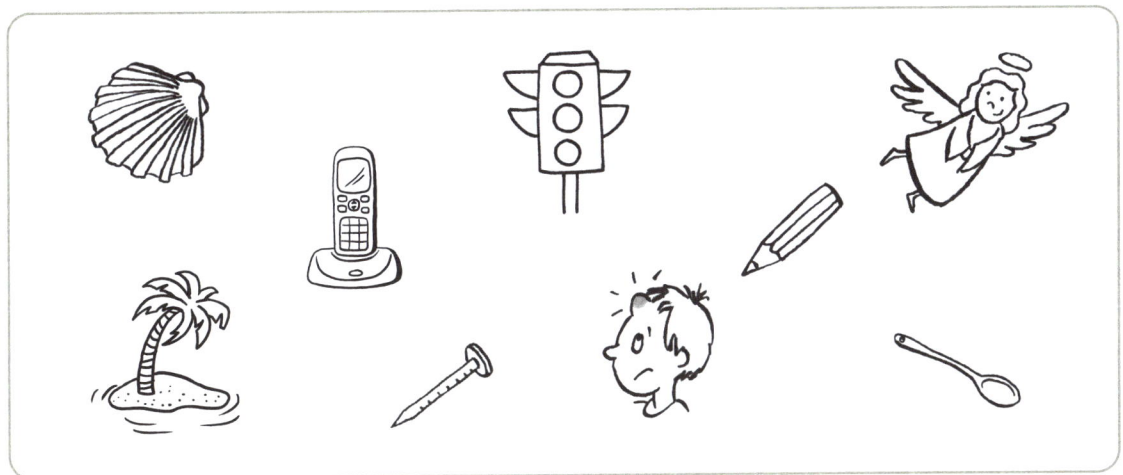

2 -el

Nagel   Muschel   Insel   Löffel   Ampel   Engel

Wörter mit -er am Ende

1

2

Hammer   Leiter   Fenster   Feder

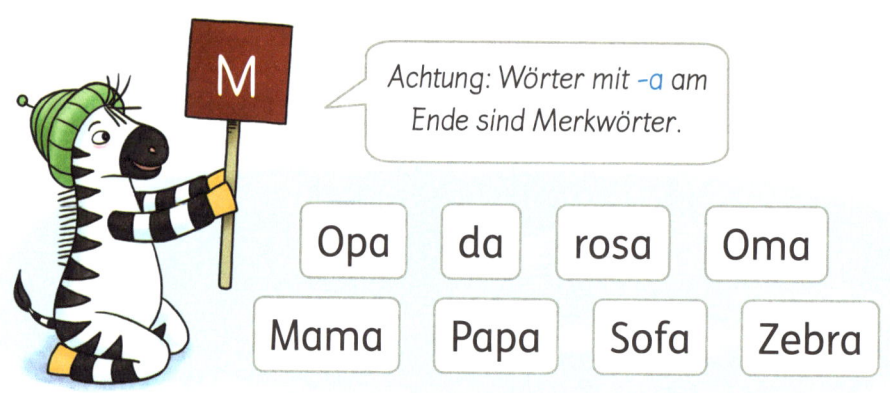

Opa   da   rosa   Oma

Mama   Papa   Sofa   Zebra

Wenn du hineinschwingst,
kannst du
doppelte Mitlaute hören.
Der König davor klingt kurz.

Pommes

1

Po**m****m**es

Ta___e

Ke___e

Schli___en

Lö___el

A___e

Te___er

So___e

Me___er

Doppelte Mitlaute

Name: _____

Datum: _____

1

rennen

rennen

gewinnen

kennen

messen

fesseln

essen

fallen

klettern

rollen

_____

_____

_____

_____

_____

_____

_____

_____

Mit der Schreibtabelle schreiben

1

_____

_____

_____

_____

2

_____

_____

_____

Mit der Schreibtabelle schreiben

1

_____

_____

_____

_____

2

_____

_____

_____

1

_____

_____

_____

_____

2

_____

_____

_____

_____

Mit der Schreibtabelle schreiben

1

_____

_____

_____

_____

2

_____

_____

_____

_____

Sp sp

1 🖊

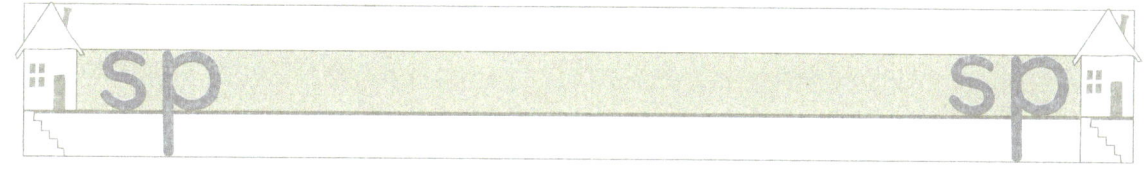

Du hörst schp.
Du schreibst Sp oder sp.

2 Sp sp

Specht	Gespenst	Sportler	Spiegel	Spaten

🔍 4 Sp 1 sp

🔊 **85**

Sp sp

1  Sp

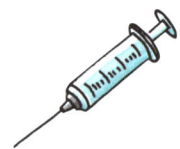         

   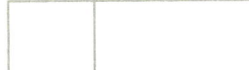      

2

86

 **St st**

1

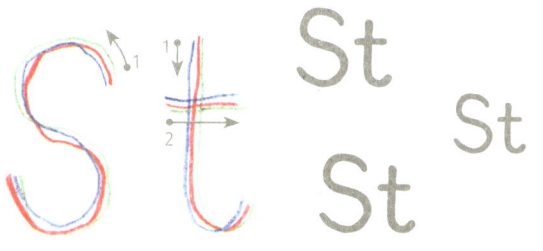 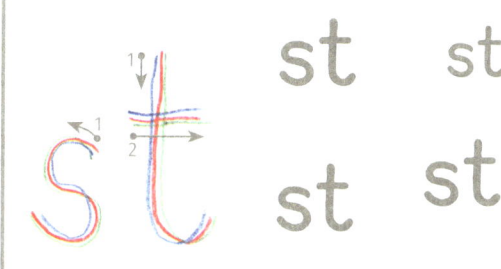

Du hörst scht.
Du schreibst St oder st.

2 St st

| Stuhl | Strand | Stiefel | Stachel | Lippenstift |

   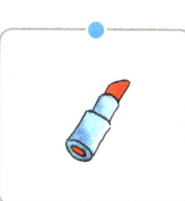 

🔍 4 St 1 st

St st

1 👂 ✏️ St

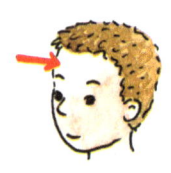   

2

88

-ng

 **1**

ng

ng ng ng

ng ng

ng ng

ng ng ng

Du spürst ng im Hals.

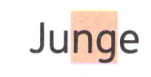 **2** ng

Junge	Zange	Heizung	Kreuzung

   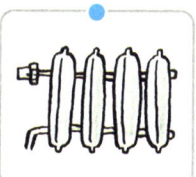

🔍 4 ng

1 👂 ✏️ ng

2

-tz

tz tz tz tz tz tz tz tz tz

tz _____ tz

Wenn du hineinschwingst,
kannst du tz hören.

Ka**tz**e

Si**tz**e

Spri**tz**e

Ta**tz**e

pu**tz**en

si**tz**en

schwi**tz**en

-tz

1 👂 ✏️ tz

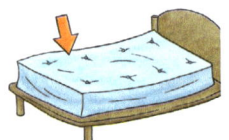

2

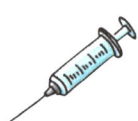

-ck

1

c k   ck   ck   ck
ck   ck   ck   ck

ck   ck

Wenn du hineinschwingst,
kannst du ck hören.
ck bleibt immer zusammen.

Du hörst kk.
Du schreibst ck.
Schnecke

2 ck

Dackel

Röcke

Stecker

Wecker

Ecke

Locke

-ck

1 👂 ✏️ ck

2

1

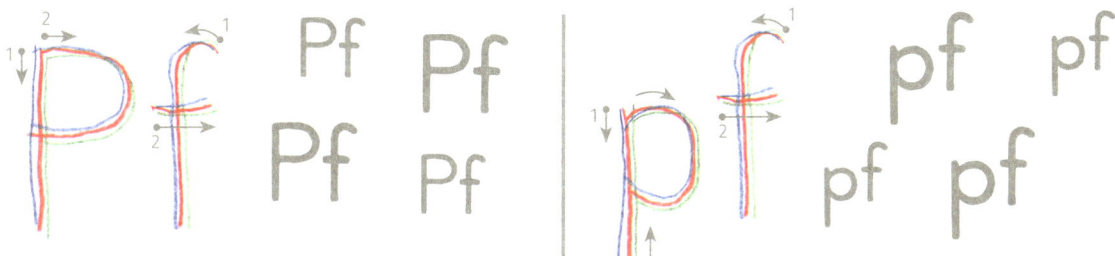

Pf   Pf

pf   pf

Wenn du
hineinschwingst,
kannst du pf hören.

Apfel

2 pf

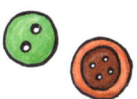

Knöpfe

Zapfen

Zöpfe

klopfen

tropfen

dampfen

Pf pf

Name: _____

Datum: _____

1 👂 ✏️ Pf pf

2 🗒️

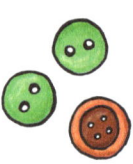  

96

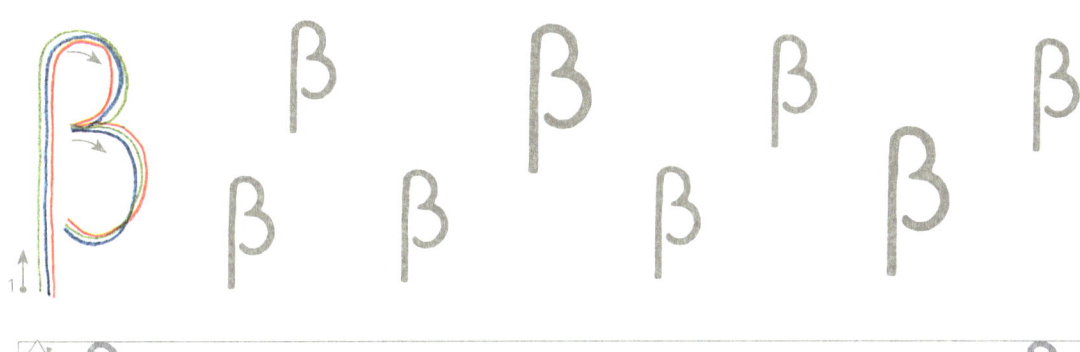

−ß

1 ✏️

ß ß ß ß ß ß

ß ß ß ß ß

ß ß

*Ich heiße Franz
und liebe
heißen Früchtetee.*

2 👓 ✏️ ✏️ ß

 die Klö**ß**e   der Klo**ß**

    das Floß

   die Straße

    der Fuß

🔊 97

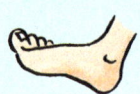

Name: _____

Datum: _____

1

weiße

heißer

süße

große

weiße

2

bei

gie

schlie

grü

flie

ßen

beißen

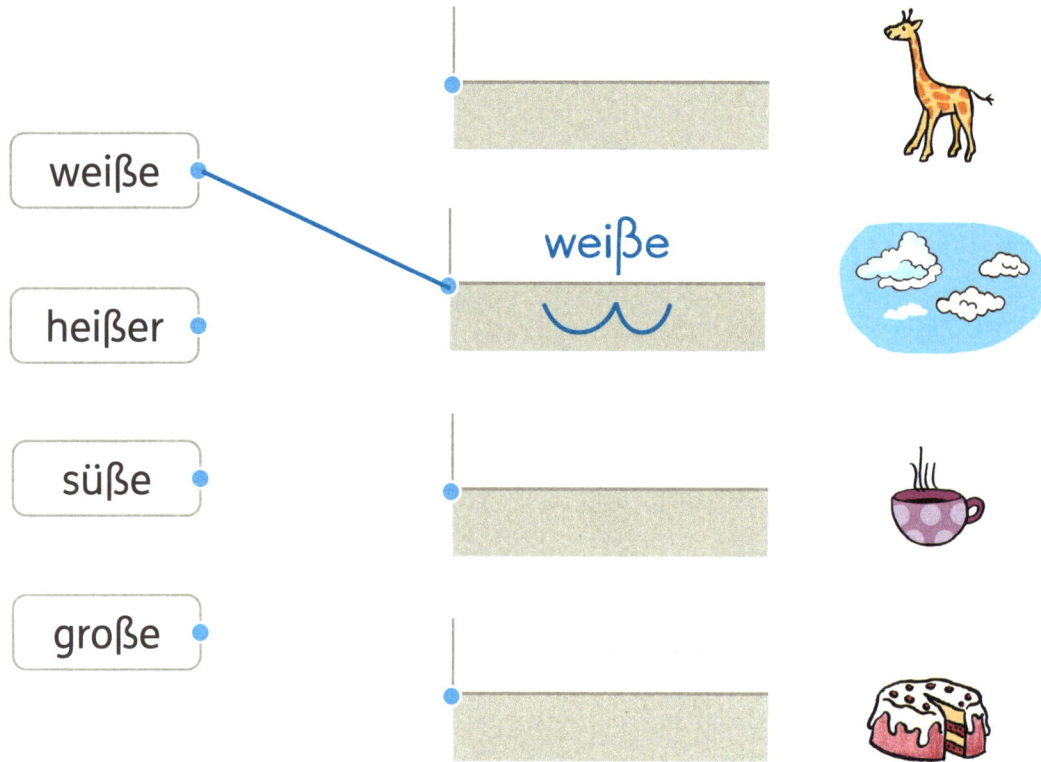
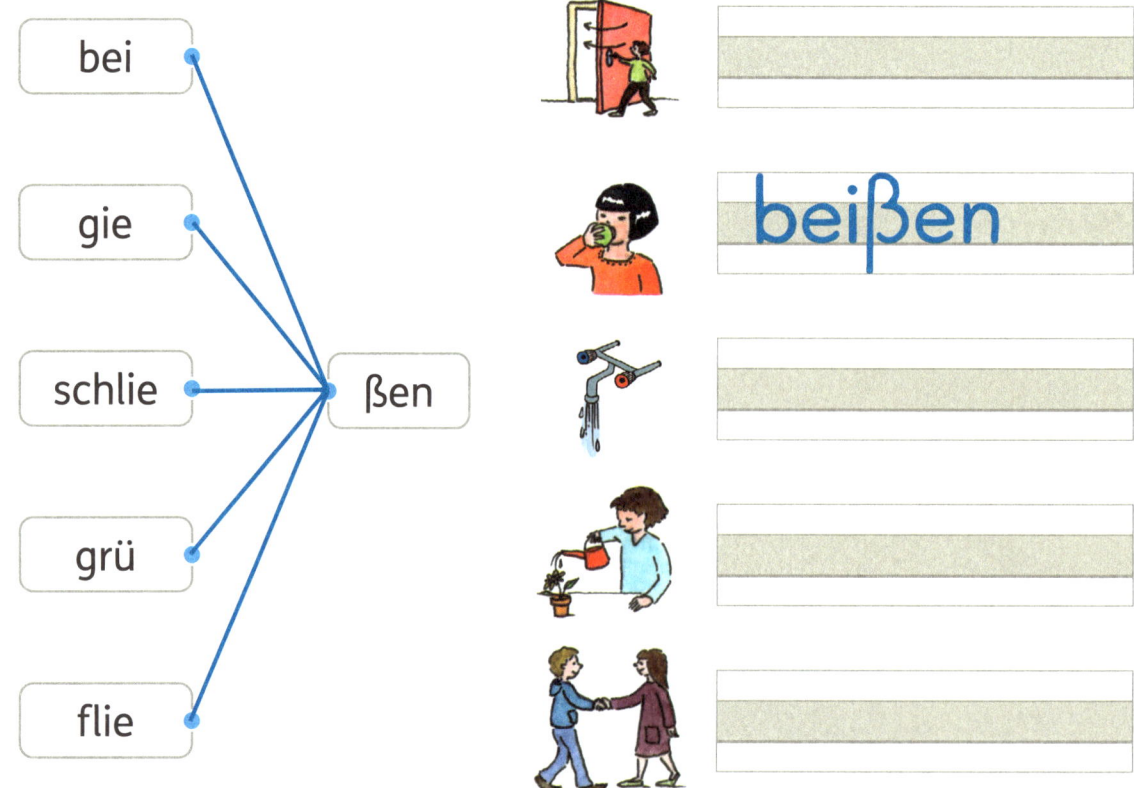

1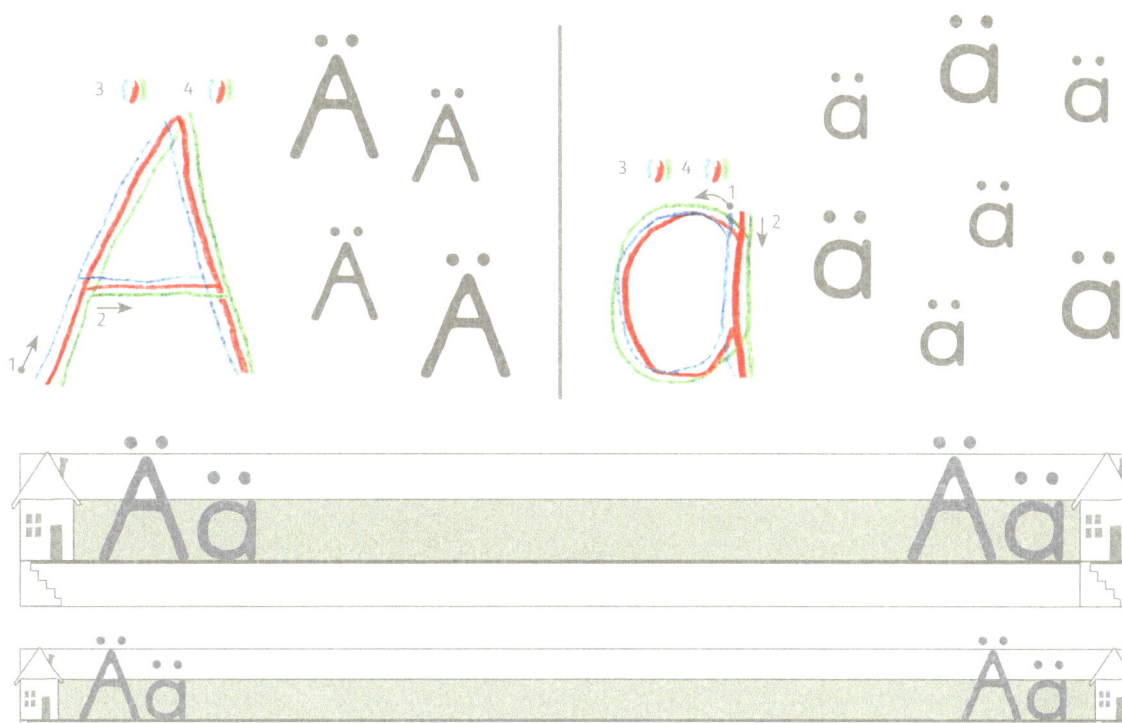

2  ä

Säge Käfer Käfig Mädchen Käse ~~Bär~~

 Bär

Name: _____

Datum: _____

1  Aa Ää

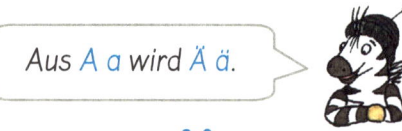

Aus A a wird Ä ä.

 der Apfel    die Äpfel

 der Ball    die _____

 die Hand    die _____

 der Zahn    die _____

2  a ä

 wir fahren    er fährt

 wir fangen    sie fängt

 wir schlafen    es schläft

 wir tragen    sie trägt

Name: _____

Datum: _____

-äu

 **1** 🖊

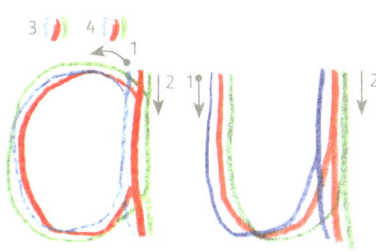 äu   äu   äu

äu   äu   äu

äu   äu

äu   äu

2 👓 🖊 ✏ äu

aufräumen   läuten   träumen   schäumen

_____

_____

_____

_____

Name: _____

Datum: _____

1  au äu

Aus au wird äu.

 die M**au**s    die M**äu**se

 das Haus    die _____

 der Baum    die _____

 der Zaun    die _____

 die Braut    die _____

 der Bauch    die _____

2  au äu

 sie laufen    es läuft

 sie saufen    es säuft

Name: _____

Datum: _____

1 🖊

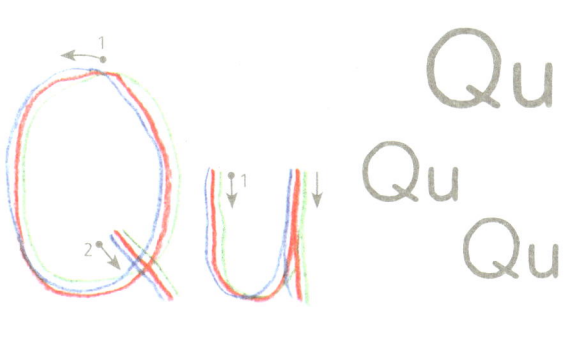

Qu

qu

Du hörst kw.
Du schreibst Qu oder qu.

2 👓 🖊 ✏ qu

| quaken | quieken | quietschen | quatschen |

🔊 103

Qu qu

1 👂 ✏️ Qu qu

2 ☑️

Quatsch?

 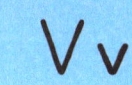

V v

1 ✏️

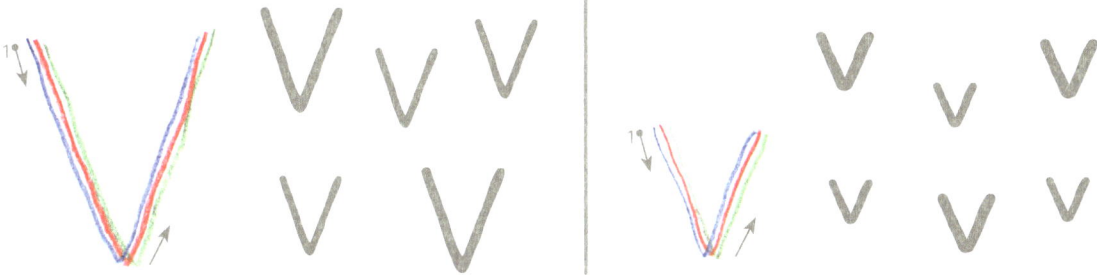

*V klingt unterschiedlich:
wie F in Vogel, wie W in Vase.*

2  V

| Vampir | Vulkan | Vater | Vorhang |

V klingt wie    **V** klingt wie 🏺

Vampir

Name: _____

Datum: _____

1 ✏️

C   C

c   c

C c klingt unterschiedlich:
wie K in Computer, wie S in Cent,
wie Z in CD.

2  C c

Computer   Cent   CD   Comic

Name: _____

Datum: _____

 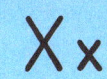

○ **1** ✏️

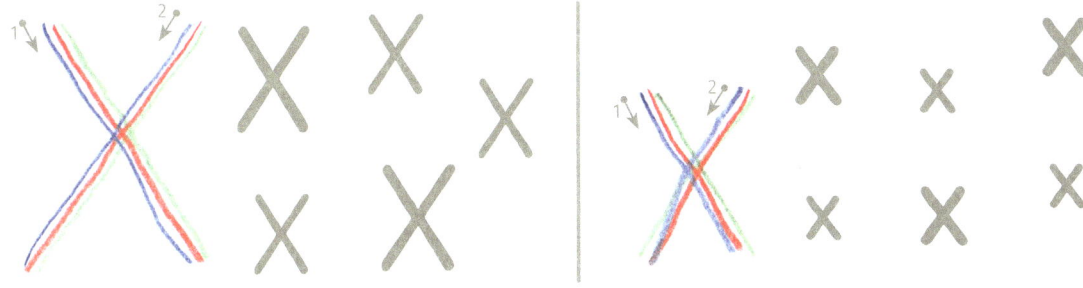

Du hörst ks:
Du schreibst X oder x.

● **2** ☑️

Yy **Ypsilon**

Name: _____

Datum: _____

1 ✏️

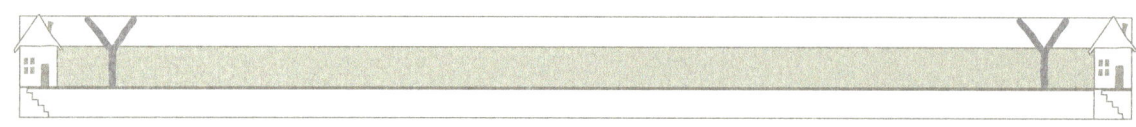

Y y klingt unterschiedlich:
wie J in Yoga, wie i in Teddy,
wie ü in Pyramide.

2 👓 ✏️

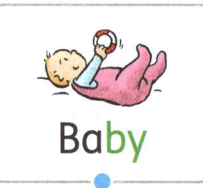
Baby

Olympia

Handy

Xylofon

i wie in Teddy

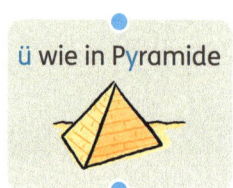
ü wie in Pyramide

J wie in Yoga

Yacht

Labyrinth

Yak

Dynamo

1

_____

_____

_____

_____

2

_____

_____

_____

_____

Mit der Schreibtabelle schreiben

1

_____

_____

_____

_____

2

_____

_____

_____

_____

1 ✏️

_____

_____

_____

_____

2 ✏️

_____

_____

_____

_____

Mit der Schreibtabelle schreiben

1

_____

_____

_____

_____

2

_____

_____

_____

Name: _____

Datum: _____

1

_____

_____

_____

_____

2

_____

_____

_____

_____

Silben schwingen I

*Höre genau.
Schwinge die Silben.*

1  Wie viele Silben hörst du?

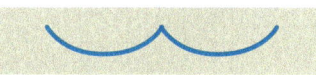

Silben schwingen II

  **1** Wie viele Silben hörst du?

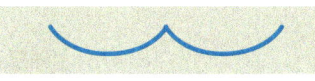  

Silben schwingen

1  Wie viele Silben hörst du?

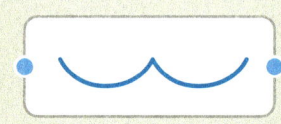
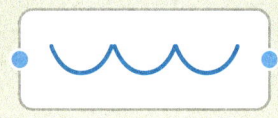

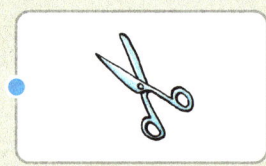

2   Wie viele Silben hörst du?

Name: _____

Datum: _____

Anlaute schreiben I

*Höre genau,
mit welchem Laut
das Wort beginnt.*

1 👂 〰️✏️ 📝 Mit welchem Laut beginnt das Wort?

Anlaute schreiben II

1  Mit welchem Laut beginnt das Wort?

_____

_____

_____

_____

_____

_____

_____

_____

_____

_____

_____

_____

Anlaute schreiben

1 Welche Wörter klingen am Anfang gleich?

2 Mit welchem Laut beginnt das Wort?

Silbenanlaute schreiben I

Höre genau, mit welchem Laut jede Silbe beginnt.

1 Mit welchem Laut beginnt jede Silbe?

P   k

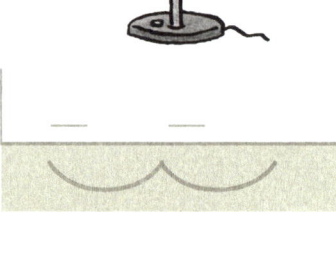

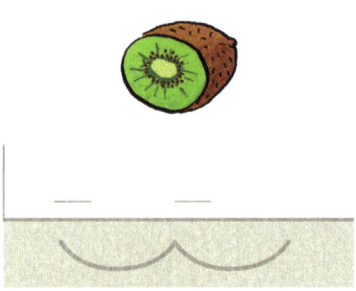

Name:

Datum:

Silbenanlaute schreiben II

1 👂 〰️✏️ 📝 Mit welchem Laut beginnt jede Silbe?

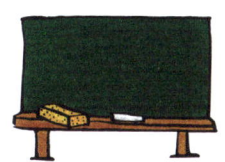

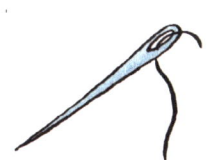

Das kann ich schon

Silbenanlaute schreiben

1 Mit welchem Laut beginnt jede Silbe?

2 Mit welchem Laut beginnt jede Silbe?

Name: _____

Datum: _____

Könige schreiben I

Jede Silbe hat einen König.

1  Welche Könige hörst du?

o a

Könige schreiben II

1    Welche Könige hörst du?

Könige schreiben

1  Welche Könige hörst du?

2  Welche Könige hörst du?

Name: _____

Datum: _____

Wörter mit der Schreibtabelle schreiben I

Schreibe das Wort. Prüfe.

1  Schreibe das Wort. Prüfe.

Oma

Name: _____

Datum: _____

Wörter mit der Schreibtabelle schreiben II

1 Schreibe das Wort. Prüfe.

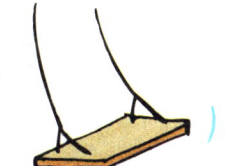

Das kann ich schon

Name: _____

Datum: _____

Wörter schreiben und prüfen

● **1** 〰✏ 🗒✏ 👑✏ Schreibe das Wort. Prüfe.

Besen

● **2** 〰✏ 🗒✏ 👑✏ Schreibe das Wort. Prüfe.